EXTRAIT DU SPECTATEUR MILITAIRE.

(Cahier de décembre 1844.)

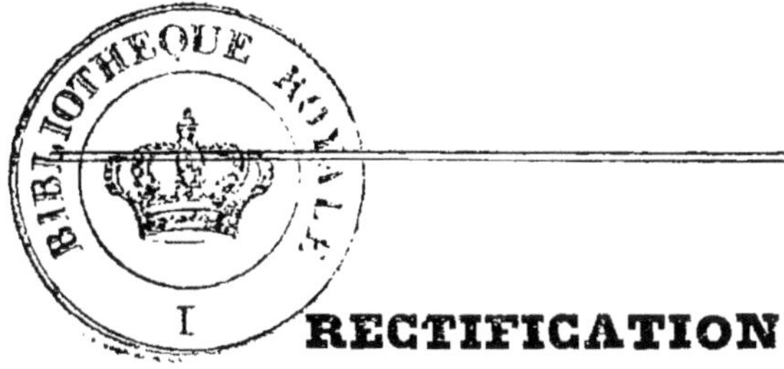

RECTIFICATION

DE QUELQUES FAITS

RELATIFS A LA CAMPAGNE DE 1815,

PAR UN OFFICIER GÉNÉRAL,

Ayant combattu à Waterloo.

Le *Spectateur militaire* du mois de février dernier contient quelques observations de M. de Boislecomte sur la relation de la campagne de 1815, publiée par M. Alisson, dans son *Histoire de l'Europe*.

Les relations de cette campagne diffèrent tellement entre elles, qu'il n'est pas étonnant que beaucoup de faits ne soient pas encore parfaitement éclaircis.

1

Je crois donc devoir rectifier ceux de ces faits qui sont à ma connaissance, et, notamment, expliquer les mouvements du premier corps d'armée aux ordres de M. le général comte d'Erlon.

Ce que dit M. de Boislecomte de la composition et de l'organisation de l'armée française est très exact. Les soldats arrivant de tous les côtés, ne se connaissaient pas; ils connaissaient à peine leurs officiers et n'étaient pas connus d'eux. Il y avait beaucoup d'élan individuel, mais peu d'ensemble : aussi, la cavalerie, qui a surtout besoin de cet élan, était-elle très bonne; tandis que l'infanterie, composée des mêmes éléments, et ayant autant de bravoure individuelle, aurait eu besoin de quelques mois de ces manœuvres et de cette confraternité qui soudent en quelque sorte les soldats les uns aux autres, et font la force de cette arme. Le temps manqua pour lui donner cet avantage moral, qu'avaient eu, au plus haut degré, les troupes des camps de Boulogne, dans les campagnes d'Austerlitz et d'Iéna, et qui laissait déjà désirer quelque chose à la campagne de Wagram! plusieurs généraux et officiers d'état-major, arrivés à l'ouverture de la campagne, étaient à peine montés, et ils ne firent connaissance avec leurs troupes qu'en marchant à l'ennemi.

De ces considérations préliminaires, je passe aux faits.

Le colonel Heymès, dans sa relation (1), dit que

(1) Documents inédits publiés par le duc d'Elchingen.

le 16 juin au matin, le maréchal Ney s'arrêtant à Gosselies pour communiquer avec le général Reille, commandant le deuxième corps d'armée, lui donna l'ordre de partir dès qu'il le pourrait, avec les divisions qu'il avait avec lui, et de rallier son corps d'armée sur Frasnes. La mémoire du colonel l'a mal servi ; car au contraire, et ainsi que le général Reille le dit dans une note insérée dans les documents publiés par le duc d'Elchingen, le maréchal, qu'il vit à Gosselies de sept à huit heures du matin, lui dit qu'il allait voir ce qui se passait du côté de Frasnes, d'où il transmettrait les ordres qu'il aurait reçus, ordres qu'il fallait se tenir prêt à exécuter. Le maréchal le chargea, en outre, d'informer de ces dispositions préliminaires le comte d'Erlon qui, à la tête du premier corps, se trouvait à Jumez.

Ce ne fut qu'entre dix et onze heures du matin, que le général Flahaut, porteur des ordres attendus, les communiqua au général Reille en passant à Gosselies. Ce général les transmit de suite au comte d'Erlon. Le général Girard, sur ces entrefaites, ayant annoncé de Vagnée, que l'armée prussienne se réunissait devant lui, le général Reille écrivit aussitôt au maréchal qu'il attendrait ses ordres pour se mettre en mouvement ; mais ne recevant aucun nouveau rapport de Girard, et n'entendant rien de ce côté, il mit ses troupes en marche.

Vers une heure après midi, le général Reille rejoignit le maréchal en avant de Frasnes ; il amenait avec lui la division de cavalerie Piré et la division d'infanterie Bachelu, qui n'étaient point en avant de Frasnes comme le dit le colonel, mais à Pont-à-Miquelon et à Mellet. La division Foy, qui avait passé la nuit à Gosselies, suivait d'assez près, et précédait celle du prince Jérôme qui avait bivouaqué derrière le bois de Lombue, et se trouvait à une plus grande distance. Quant à la division Girard, elle avait, dès la veille, et d'après l'ordre de l'Empereur, suivi l'arrière-garde prussienne jusqu'à Vagnée, d'où ce général rendit compte qu'il ne pouvait se diriger sur les Quatre-Bras, attendu que l'Empereur, en passant, lui avait ordonné de le suivre sur Fleurus. Ainsi, le maréchal Ney ne donna pas, à son passage à Gosselies, l'ordre aux 2e et 1er corps de se porter en avant, et tout porte à croire qu'il n'avait pas reçu l'ordre d'aller occuper les Quatre-Bras avant celui que lui apporta le général Flahaut.

Dans plusieurs écrits, l'on a reproché au maréchal Ney de n'avoir pas occupé les Quatre-Bras le 15 au soir, ou au moins le 16 au matin. Cette position était certainement très importante, puisque, faute de cette communication, elle forçait les deux armées ennemies à chercher un point de jonction plus en arrière. Mais il faut considérer que si, le 16, nous avons eu une si belle chance de mettre hors de combat les trois quarts de l'armée prussienne, c'est que nous n'étions pas maîtres des Quatre-Bras. En effet, croit-on que Blücher aurait accepté la bataille à Ligny où il avait réuni son armée, si, par les Quatre-Bras, il n'avait pas été en communication avec l'armée anglaise qui y avait son avant-garde, et si Wellington n'était pas venu lui dire : *mon armée sera réunie aux Quatre-Bras, à quatre heures de l'après midi, et j'y serai également* (1).

Aussitôt que la division Foy fut en ligne (à une heure environ), le maréchal Ney donna l'ordre au général Reille d'attaquer. Le général Bachelu marcha à droite de la chaussée, une des brigades de la division de Foy suivait cette chaussée, et l'autre soutenait ce mouvement. La division Piré flanquait la droite, et la cavalerie de la garde observait l'ennemi sur la gauche.

La première brigade de Foy occupa la ferme de Gémioncourt, tandis que la division Bachelu passait sur la droite deux ravins assez difficiles, sous la protection de notre artillerie : mais en arrivant sur le plateau qui mène aux Quatre-Bras, elle ne put résister à la charge d'une ligne d'infanterie anglaise qui avait l'avantage de l'ordre sur des troupes qui venaient de traverser deux ravins. L'ennemi avait aussi l'avantage du nombre, fait révélé par un officier anglais, fait prisonnier, et par lequel on sut non seulement que la division Picton, à laquelle il appartenait, était arrivée depuis plusieurs heures, et avait rejoint le corps du prince d'Orange et celui de Brunswick, ce qui, sur ce point, portait les forces anglaises à plus de 20,000 hommes, mais, de plus, que le duc de Wellington recevait des renforts à chaque moment. Cependant les Anglais, pour se soustraire à notre feu, furent obligés de remonter sur le plateau, et les divisions Bachelu et Foy

(1) Ouvrage allemand du général Clausewitz.

se maintinrent dans leur position jusqu'à la nuit. Sur la gauche, le maréchal fit attaquer le bois de Bossu par la division Jérôme aussitôt qu'elle eut rejoint ; et quand cette division en eut occupé une partie, il lança sur les Quatre-Bras une brigade de cuirassiers du corps de Kellermann. Cette charge fut très brillante, les lignes anglaises furent traversées; mais la réserve, composée des régiments des gardes, ne put être enfoncée, et son feu força les cuirassiers à se retirer, emmenant leur général dont le cheval avait été tué. La nuit mit fin à ce combat : les divisions du 2e corps gardèrent leur position et ne revinrent à Frasnes que lorsque, pour leur donner du repos, le maréchal les eut fait relever par le premier corps, qui arriva vers les neuf heures du soir. Ainsi, le combat des Quatre-Bras ne fut pas aussi malheureux qu'on l'a dit. Nous ne pûmes nous emparer de cette position défendue par des forces doubles d'abord, ensuite quadruples, mais nous empêchâmes les Anglais de donner aux Prussiens le secours qui leur avait été promis.

Le général Jomini, dans son ouvrage sur la campagne de 1815, dit que l'Empereur, après avoir reconnu du moulin de Ligny la position de l'armée prussienne, avait trois partis à prendre.

1° Arrêter sur-le-champ la marche des colonnes de Ney ; ordonner à la cavalerie de Kellermann de prendre position à Frasnes, pour couvrir la route de Charleroy, qui était la ligne de retraite ; puis, jeter les 7 divisions des corps de Reille et de d'Erlon par la chaussée des Romains sur Marbais, pour tourner

Blücher et le prendre à revers pendant que Napoléon l'attaquerait de front.

2° Prescrire ce mouvement au corps de d'Erlon seulement, en laissant celui de Reille avec la cavalerie de Kellermann défensivement vers Frasnes et les Quatre-Bras, pour observer l'ennemi et couvrir la route de Charleroy.

3° Prescrire au contraire à Ney de fondre avec impétuosité sur tout ce qui se trouvait aux Quatre-Bras, de le rejeter sur Génapes dans la direction de Bruxelles, pour se rabattre ensuite sur Bry dans la direction de Namur, pour coopérer à l'attaque contre Blücher.

Le général Jomini pense que l'Empereur adopta le troisième parti, et il a dû le croire d'après la lettre du major-général au maréchal Ney (1).

Voici cette lettre :

« En avant de Fleurus, le 16 juin à 2 heures.

» Monsieur le maréchal,

» L'Empereur me charge de vous prévenir que l'en-
» nemi a réuni un corps de troupes entre Sombref et
» Bry, et qu'à deux heures et demie, le maréchal
» Grouchy avec le 3e et le 4e corps l'attaquera. L'in-
» tention de Sa Majesté est que vous attaquiez aussi ce

(1) Documents publiés par le duc d'Elchingen.

» qui est devant vous, et qu'après l'avoir vigoureuse-» ment poussé, vous rabattiez sur nous pour concourir » à envelopper le corps dont je viens de vous parler.

» — Si ce corps était enfoncé avant, alors Sa Majesté » ferait manœuvrer dans votre direction pour hâter » également vos opérations : instruisez l'Empereur » de vos dispositions et de ce qui se passe sur votre » front.

» *Le major général,*

» Duc de Dalmatie. »

Cependant on ne peut douter que, peu d'instants après, l'Empereur n'ait adopté le deuxième parti, celui d'attirer à lui le comte d'Erlon. En effet, que dit ce général, dans sa lettre au prince de la Moskowa (1) ?

« Vous me demandez, prince, des renseignements sur » les événements de mon corps d'armée, pendant la » journée du 16 juin 1815, je m'empresse de vous » les soumettre. — Vers 11 heures du matin, M. le » maréchal Ney m'envoya l'ordre de faire prendre » les armes à mon corps d'armée, et de le diriger sur » Frasnes et les Quatre-Bras, où je recevrais des ordres

(1) Documents publiés par le duc d'Elchingen.

» ultérieurs. Mon corps d'armée se mit donc en mou-
» vement. Immédiatement après avoir donné l'ordre au
» général commandant la tête de la colonne de faire
» diligence, je pris l'avance pour voir ce qui se pas-
» sait aux Quatre-Bras, où le corps d'armée du gé-
» néral Reille me paraissait engagé. Au-delà de
» Frasnes, je m'arrêtai avec les généraux de la garde
» où je fus rejoint par le général Labédoyère qui me
» fit voir une note au crayon, qu'il portait au maré-
» chal Ney, et qui enjoignait à ce maréchal de diriger
» mon corps d'armée sur Ligny. Le général Labédoyère
» me prévint qu'il avait déjà donné l'ordre pour ce
» mouvement, en faisant changer de direction à ma
» colonne, et m'indiqua où je pourrais la rejoindre.
» Je pris aussitôt cette route, et j'envoyai au maré-
» chal mon chef d'état-major, le général Delcambre,
» pour le prévenir de ma nouvelle destination. M. le
» maréchal Ney me le renvoya en me prescrivant
» impérativement de revenir sur les Quatre-Bras où il
» s'était fortement engagé, comptant sur la coopéra-
» tion de mon corps d'armée ; je devais donc suppo-
» ser qu'il y avait urgence puisque le maréchal prenait
» sur lui de me rappeler, quoiqu'il eût reçu la note
» dont je vous ai parlé plus haut.

— » J'ordonnai en conséquence à la colonne de

» faire contre-marche ; mais, malgré toute la diligence » qu'on a pu mettre dans ce mouvement, ma colonne » n'a pu paraître en arrière des Quatre-Bras qu'à » l'approche de la nuit.

— » Le général Labédoyère avait-il mission pour » faire changer la direction de ma colonne avant » que d'avoir vu monsieur le Maréchal ? Je ne le » pense pas ; mais, dans tous les cas, cette seule » circonstance a été cause de toutes les marches et » contre-marches qui ont paralysé mon corps d'armée » dans la journée du 16.

» DROUET, Comte D'ERLON.

« Paris, le 9 février 1829. »

On voit, d'après cette lettre, que l'Empereur a voulu attirer à lui le 1er corps. Cet ordre a été nécessairement donné après celui du major-général ; il a été écrit au crayon et porté par un aide-de-camp de l'Empereur, ce qui prouve qu'il le donnait directement ; qu'il était pressé de l'expédier, et qu'il voulait le faire parvenir promptement et sûrement.

On voit aussi, par la lettre du comte d'Erlon, ce que le 1er corps a fait dans la journée du 16.

Pour se rendre compte de l'influence qu'ont eue ces faux mouvements sur la campagne, il faut présenter la situation dans laquelle se trouvaient les armées qui étaient en présence.

L'armée française était forte d'environ 120,000 hommes, et elle avait devant elle les armées prussienne et anglaise qui, avec leurs alliés, en comptaient plus de 200,000.

Un champ de bataille chèrement acheté ne pouvait rétablir l'équilibre entre l'armée française et les armées ennemies qui étaient devant elle; et celles-ci, attendant la coopération des armées russe et autrichienne, pouvaient se livrer à ce jeu qui devait finir par leur donner gain de cause. Il n'y avait donc qu'un grand succès qui pût ramener quelque égalité entre les deux armées qui étaient en présence.

Blücher nous présentant la bataille à Ligny, nous en fournit l'occasion. Il comptait, comme nous l'avons dit, sur le secours de Wellington qui avait promis de le rejoindre à quatre heures après-midi; mais l'armée anglaise ne fut pas rassemblée aussitôt que son général l'espérait, et ce qu'il avait réuni aux Quatre-Bras y fut retenu, ainsi qu'on l'a vu, par le 2e corps d'armée (moins la division Girard), une division de cuirassiers et une de cavalerie de la garde.

Toutefois, indépendamment du corps de Bulow qui ne put le rejoindre, Blücher avait à Ligny 90,000 hommes, et ce ne fut qu'après des pertes considérables, que l'Empereur, qui n'avait que 60,000 hommes, put le battre et le chasser de cette position qui, de front, était très forte. Comme il était presque nuit, l'Empereur ne put recueillir que peu de fruits de la victoire qu'il venait de remporter.

Recherchons les causes qui nous ont empêchés d'obtenir les avantages que devait attendre l'Empereur de la savante manœuvre par laquelle il avait concentré en peu de jours tous les corps sur Charleroy et Marchienne.

L'Empereur partit tard de Charleroy; on peut attribuer ce retard à ce qu'aucun rapport ne paraît lui avoir annoncé, de bonne heure, la concentration de l'armée prussienne à Ligny. Évidemment, il ne la connaissait pas lorsqu'il expédia le général Flahaut. On peut aussi attribuer ce retard à l'état de fatigue que l'on remarquait en lui.

Quoi qu'il en soit, la journée s'avançait quand il arriva à Fleurus, et il fut obligé, pour ne pas perdre de temps, d'attaquer de front la position de l'ennemi, au lieu de manœuvrer sur sa droite, dont l'abord était plus facile, et d'éloigner ainsi Blücher de Wellington.

Cependant, en tirant des forces de sa gauche, l'Empereur pouvait suppléer à cette manœuvre. Il paraît par la lettre du major-général, dont nous avons donné copie, qu'il donna d'abord ordre au maréchal Ney de forcer à la retraite tout ce qui était aux Quatre-Bras et de se jeter ensuite sur les Prussiens; mais, soit d'après ce qui se passait devant lui, soit d'après ce qu'il apprenait de sa gauche, il se décida à appeler à lui le premier corps, et l'ordre qui prescrivait cette manœuvre, et qui, pour plus de promptitude, fut écrit par lui au crayon, fut porté par Labédoyère, ainsi que je l'ai dit. On a également vu, par la lettre du comte d'Erlon, comment, par la marche et la contre-marche de ce corps fort de 20,000 hommes, l'armée fut privée de sa coopération.

Si le premier corps avait continué sa marche sur les Quatre-Bras, cette position aurait été enlevée à l'armée anglaise; mais comme cette armée avait tous ses corps en marche pour les concentrer sur ce point, il n'est pas vraisemblable, d'après sa force et la nôtre, que nous eussions obtenu d'autres résultats.

Si, au contraire, selon le principe qui veut, quand cela est possible, que l'on refuse une aile pour renforcer l'aile attaquante, le 1er corps arrivé près des Prussiens avait continué à marcher sur eux, la bataille de Ligny aurait été gagnée avant la nuit, le résultat en eût été complet et sans des pertes aussi fortes.

Il est donc à regretter que le maréchal Ney, apprenant la direction qu'avait prise le 1er corps, ne l'ait pas laissé continuer sa marche, en se contentant de contenir les Anglais. Mais le maréchal était fortement engagé, et sans doute en rappelant le 1er corps, il le croyait peu éloigné de lui.

Quant au comte d'Erlon, devait-il exécuter ce contre-ordre? Il était, il est vrai, dans une position embarrassante, ainsi que le dit le général Durutte (1). D'un côté, un ordre de l'Empereur l'appelait à Ligny; de l'autre, le maréchal Ney, qui avait connaissance de cet

(1) Documents publiés par le duc d'Elchingen. Relation du général Durutte.

ordre, le rappelait aux Quatre-Bras. Dans cette situation, d'Erlon aurait dû prendre son parti, d'après les circonstances dans lesquelles il se trouvait, connaissant la distance à laquelle il était des Quatre-Bras. Il savait, d'après l'heure à laquelle lui parvenait l'ordre, qu'il ne pourrait y arriver qu'à la nuit, et qu'il n'y serait d'aucune utilité au maréchal. Le 1er corps était au contraire si près de la droite de l'armée prussienne, que les généraux Vandamme et Girard, le prenant pour une colonne ennemie, en conçurent assez d'inquiétude pour ralentir leur attaque sur Saint-Amand. Dans cet état de choses, le comte d'Erlon aurait dû marcher sur la droite des Prussiens, et décider de suite la victoire qui eût été complète, au lieu d'aller aux Quatre-Bras où, nous le répétons, il ne pouvait plus arriver, et n'arriva qu'à la nuit.

On peut dire que le comte d'Erlon devait, avant tout, se conformer aux ordres de son chef immédiat. Mais si ce principe est incontestable quand ce chef est présent, il n'est pas absolu quand il est éloigné. Un général est, dans bien des circonstances à la guerre, obligé de voir dans quelle situation son chef le supposait lorsqu'il lui envoya un ordre, le temps mis à le lui apporter, enfin, la position dans laquelle il se trouve quand cet ordre lui parvient. Il avait, en outre, connaissance de l'ordre apporté par Labédoyère, et cette connaissance devait puissamment influer sur sa détermination. On voit même qu'il ne s'y conforma qu'en partie, puisque Durutte nous dit qu'il fut laissé sur le flanc droit des Prussiens, avec sa division et trois régiments de cavalerie de Jacquinot; mais ce faible corps ne put que se tenir en observation.

Pourtant, et sans ce contre-temps qui sur les résultats de cette campagne fut décisif, l'armée prussienne, mise en quelque sorte hors de combat, et ses débris rejetés sur Namur et Liége, l'Empereur eût dirigé presque toutes ses forces sur l'armée anglaise qui, vraisemblablement, ne nous eût pas attendus à Waterloo. Cependant, une retraite précipitée devait lui faire perdre beaucoup de monde et nous rendre maîtres de presque toute la Belgique. L'Empereur aurait eu un peu plus tard, il est vrai, sur les bras, les armées autrichienne et russe qui traversaient dans ce moment l'Allemagne. Toutefois il aurait eu quelques semaines pour se préparer à les combattre. Il pouvait espérer quelques défections, du moins quelque hésitation dans la coalition; enfin, il y avait des chances de lui résister.

L'occasion de battre complétement une des deux armées ayant été manquée à Ligny, il ne restait guère d'espoir qu'elle se représentât. Les deux armées ennemies avaient été rejointes par tous leurs corps, et nous ne pouvions empêcher leur réunion totale. En effet, en supposant que Grouchy eût manœuvré sur sa gauche pour être à portée de se joindre à l'Empereur, Blücher aurait marché de son côté pour se réunir à Wellington. Dans le cas même où Blücher aurait craint de faire devant Grouchy une marche de flanc de Vavres à Waterloo, en avant de la forêt de Soignes, la jonction se serait faite en arrière de cette forêt; car on ne peut supposer que Wellington ait voulu tenir seul en avant de Soignes. Ainsi nous nous serions trouvés, soit à Waterloo, soit en arrière de la forêt de Soignes, avec 100,000 hommes contre 200,000.

Quand même il y aurait eu une formation meilleure que celle que le général Jomini reproche aux divisions du 1er corps dans leur attaque à Waterloo; quand il y aurait eu plus d'ensemble dans les manœuvres des différentes armes, pouvait-on espérer un succès complet contre deux armées aussi nombreuses et réunies sur le même terrain? Un champ de bataille, acheté par des pertes considérables, est tout ce que l'on pouvait espérer; et ce n'est pas un tel avantage qui nous eût mis en mesure contre les armées autrichienne et russe qui s'approchaient de nos frontières.

Aussi, terminerons-nous en répétant que ce n'est qu'à Ligny que nous avons eu une chance favorable, et que le malheur de ne pas en avoir profité, a été et a dû être irréparable!

PARIS, IMPRIMERIE DE BOURGOGNE ET MARTINET, RUE JACOB, 30.